AF254077

DE LA
RESPONSABILITÉ DE L'IMPRIMEUR

EN MATIÈRE DE PRESSE

OBSERVATIONS

PRÉSENTÉES

AU JURY ET AUX MAGISTRATS

PARIS

DUBUISSON ET Cᵉ, LIBRAIRES-ÉDITEURS,

5, RUE COQ-HÉRON, 5

1872

DE LA
RESPONSABILITÉ DE L'IMPRIMEUR
EN MATIÈRE DE PRESSE

OBSERVATIONS

PRÉSENTÉES

AU JURY ET AUX MAGISTRATS

PARIS

DUBUISSON ET Cᵉ, LIBRAIRES-ÉDITEURS,

5, RUE COQ-HÉRON, 5

1872

DE LA RESPONSABILITÉ DE L'IMPRIMEUR

EN MATIÈRE DE PRESSE

OBSERVATIONS

PRÉSENTÉES

AU JURY ET AUX MAGISTRATS

Peu de questions ont été plus vivement débattues que la *responsabilité* de l'imprimeur, ou plutôt sa *complicité*, dans les délits commis par la voie de la presse ; à la tribune, devant les Cours de justice, dans les journaux, cette question a été mille fois discutée ; des opinions diverses, des systèmes différents ont été soutenus et présentés.

La loi du 17 mai 1819, qui laisse encore à désirer, a cependant été pour l'imprimeur une amélioration. Les conditions qu'elle exige pour le constituer complice dans la publication d'un écrit reconnu coupable sont formelles, et l'article 24 de cette loi, sainement interprété, ne permet de poursuites contre l'imprimeur que s'il a agi *sciemment*.

Pour arriver à cette démonstration, il est utile de jeter

un coup d'œil rapide sur les mesures restrictives imposées
en France à la liberté de l'imprimerie depuis le xvᵉ siècle
jusqu'à la Révolution française et le rôle qu'elle a été appelée à jouer dans la presse périodique depuis 1789 jusqu'à
l'époque actuelle.

Après la découverte de l'imprimerie, l'industrie typographique jouissait de grandes immunités d'indépendance; mais,
dans les cinquante dernières années du xvᵉ siècle, époque
où s'engagèrent les controverses religieuses et les discussions
théologiques, questions qui agitaient les esprits, l'imprimerie
fut appelée à prendre part à ce débat ; elle se mit au service
de la religion et de la théologie. La ville éternelle s'émut, et
le Pape Alexandre VI, Borgia, en 1501, « décréta la censure,
« défendit de publier aucun livre sans l'aveu des prélats et
« ordonna de saisir et de brûler tout ouvrage qui n'aurait
« pas obtenu cette approbation. »

En France, longtemps encore, l'art typographique fut
considéré comme un bienfait pour l'humanité. Une déclaration de Louis XII, publiée en 1513, relevait de l'impôt dont
la ville de Paris était frappée les *libraires*, *relieurs*, *illumineurs*
et *écrivains* (1). Cette déclaration contient le passage suivant :

« Pour la considération du grand bien qui est advenu en
« notre royaume au moyen de l'art et science de l'impri-
« merie, l'invention de laquelle semble être plus divine
« qu'humaine, laquelle, grâces à Dieu, a été inventée et
« trouvée de notre temps par le moyen et industrie des-
« dits libraires, par laquelle notre sainte foy catholique a
« été grandement augmentée et corroborée, justice mieux
« entendue et administrée et le divin service plus honora-

---

(1) *Essai sur la condition des Journaux*, par Albert Petit, avocat, page 8.

« blement et plus correctement dit et célébré. Pour ces
« causes, etc , etc. »

Mais survinrent les discordes religieuses et les dissensions
politiques suscitées par la Réforme, qui emprunta des armes à
la presse, et un revirement marqué constata que le pouvoir,
sous le règne de François Ier, appréciait déjà autrement le
rôle et le service de l'imprimerie, et le premier acte de censure en France se trouve dans les registres du Parlement à
la date du 13 août 1526.

On y lit : « Défense de publier aucun ouvrage *qui n'ait été*
« *premièrement vu par la cour du Parlement ou les commis.* »

Plus tard, la Sorbonne présenta une requête au roi au
sujet des livres hérétiques, dans laquelle elle disait à François Ier que « *s'il voulait sauver la religion attaquée et ébranlée*
« *de tous côtés, il était d'une nécessité indispensable d'abolir*
« *pour toujours en France, par un édit sévère, l'art de l'impri-*
« *merie, qui enfantait chaque jour une infinité de livres qui lui*
« *étaient si pernicieux* (1). » Ce projet de la Sorbonne fut sur le
point d'être réalisé ; mais l'évêque de Paris, Jean du Bellay,
et Guillaume Budé obtinrent que cet édit ne serait pas
signé. Ce succès ne fut pas de longue durée. Les actes des
luthériens dans les villes de Paris et de Blois, et les obses-
sions dont François Ier était l'objet de la part de la Sorbonne,
le décidèrent, et il supprima l'imprimerie en France,
sous peine de la hart. Cet édit est à la date du 13 janvier
1535. Sur une remontrance du Parlement, un second édit
suspendit l'effet du premier.

Citons encore, pour compléter l'histoire des persécutions
et des mesures sévères dont l'imprimerie était l'objet, une

---

(1) *Essai sur la condition des Journaux.* page 9.

ordonnance datée de Nantes ; elle porte la date du 10 septembre 1563, et est signée de Charles IX. En voici les termes : « Faisons défenses à toute personne, de quelque « estat et condition qu'elles soient, de publier, imprimer « aucuns livres, lettres, harangues et autres escrits, soit en « rhythme ou en prose, faire semer libelles diffamatoires, « attacher placards, mettre en évidence aucune autre com- « position..., sans permission dudit seigneur et roy, sous « peine d'être *pendus et estranglez* (1). »

En 1590, pendant l'interrègne qui suivit la mort de Henri III, on trouve également sur le registre du Parlement de Tours « *la peine d'estre pendu et estranglé, sans forme ni* « *figure de procès* (2). »

En 1597, les registres du Parlement contiennent la simple défense de rien imprimer sans permission de la cour. Il ne s'agit déjà plus de pendre les imprimeurs « sans forme de « procès. »

Cette législation draconienne, dont on retrouve encore trace dans les ordonnances de Louis XIV et le règlement général du 28 février 1723, n'empêcha pas qu'en plein xviie siècle le journalisme n'hésita plus à s'affirmer, malgré les entraves de tout genre que l'état des esprits et les restrictions de la loi créaient aux journalistes.

Le règlement du 28 février 1723, publié sous la régence du duc d'Orléans, peut être considéré comme un véritable code de l'imprimerie ; on y retrouve, à peu de chose près, l'édit de Henri II et la censure. Ce règlement est confirmé, sous Louis XVI, par les déclarations de 1778 et de 1785.

---

(1) *Essai sur la condition des Journaux*, par Albert Petit, page 10.

(2) *Même ouvrage*, page 11.

Cette vieille législation, qui depuis trois siècles enchaînait la presse, disparaît quelques années après la déclaration de 1785, par la volonté toute-puissante de l'Assemblée nationale, qui, dans la Déclaration des droits de l'homme, s'exprime ainsi : « *Tout citoyen peut parler, écrire, impri-* « *mer librement, sauf à répondre de l'abus de cette liberté* « *dans les cas déterminés par la loi.* »

L'ère nouvelle, qui s'ouvre alors pour la liberté de la pensée va permettre au journalisme de prendre son essor, et la presse périodique ne relèvera plus que d'une législation qui devra concilier la liberté de l'écrivain avec les nécessités de protéger la société contre ses écarts.

Un projet de loi sur la presse fut présenté en 1790 ; mais, en présence des autres travaux de l'Assemblée, il ne put être voté. Ce projet consacrait les conditions que l'on regardait alors comme nécessaires à l'existence de la liberté de la presse. Il sauvegardait la personne du roi contre les attaques injurieuses. Il faisait peser sur l'écrivain la responsabilité des crimes publics et privés, mais il fallait que l'on établît contre lui la complicité d'intention. Les bonnes mœurs et la morale publique y trouvaient une protection.

Ainsi, tout en reconnaissant le principe de la liberté de la presse, elle n'admettait pas que cette liberté dût être illimitée. C'est ce que prouve incontestablement la Constitution du 14 septembre 1791, qui dit, art. 11 : « La libre commu- « nication des pensées et des opinions est un droit des plus « précieux pour l'homme. Tout citoyen peut donc parler, « écrire, imprimer librement, *sauf à répondre de l'abus de* « *cette liberté,* dans les cas déterminés par la loi. »

Les lois, décrets et ordonnances se succédèrent, à partir de cette époque, avec une profusion que feront connaître les chiffres suivants, qui présentent une statistique curieuse :

De 1789 à 1843, le nombre des décrets et ordonnances est de 81,366, dont 3,042 appartiennent à l'Assemblée constituante; 2,078 à l'Assemblée législative; 14,034 à la Convention nationale; 2,049 au Directoire; 3,846 au gouvernement consulaire; 10.254 à l'Empire; 841 à Louis XVIII (du 1er avril 1814 au 9 mai 1815); 318 aux Cent-Jours et au gouvernement provisoire; 17,812 à Louis XVIII à partir du 25 juin 1815; 15,801 à Charles X; 10,931 à Louis-Philippe; puis les lois de la République de 1848, celles du second Empire, celles de la nouvelle République (1).

Au moment où la liberté de la presse était octroyée par la Constituante en édictant les lois qui devaient la régir, on se préoccupa du rôle que devait avoir l'imprimeur dans les publications sortant de ses presses et de la part de responsabilité lui revenant.

Un ministre de Louis XVI, que la presse ménageait peu (M. de Calonne), se montra généreux envers l'écrivain et juste envers l'imprimeur. Voici ce qu'il écrivait au roi :

« La liberté de communiquer ses pensées, soit particulièrement par la voie des lettres, soit publiquement par celle de l'impression, est une conséquence de la liberté individuelle.

« La liberté de la presse est encore plus importante. J'en ai tant souffert depuis dix-huit mois, qu'on ne me soupçonnera pas de vouloir diminuer ses inconvénients; mais je dirai que les avantages qu'on ne peut lui contester appartiennent à sa nature, et que les abus qu'on lui attribue ne sont que des effets de la méchanceté humaine; qu'il n'y a aucun motif de se priver du bien qu'elle doit faire, qu'il y en a beaucoup de punir sévèrement le mal dont on la rend l'instrument.

---

(1) *Code-Manuel de la presse, imprimerie, librairie*, par Hipp. Duboy, avocat à la Cour de cassation, et Ch. Jacob, avocat à la Cour d'appel, page 141, n. 159.

« Le seul préservatif qui doive accompagner la liberté de la presse, c'est de défendre, sous des peines rigoureuses, de publier aucun imprimé qui ne porte le nom de son auteur, ou au moins celui de l'imprimeur, lequel demeurera responsable jusqu'à ce qu'il ait fait connaître de qui il tient le manuscrit. »

Voilà quel était, à cette époque, le langage du ministre d'un roi peu sympathique à la liberté de la presse ; il posait ce principe juste, équitable, que chacun est responsable de ses actes, à cette condition que, pour engager la responsabilité, il fallait, d'après M. de Calonne, avoir concouru *intentionnellement* à la consommation d'un délit : l'imprimeur n'était responsable d'un délit ou d'un crime que lorsqu'il publiait un écrit sans nom d'auteur, ou au moins le sien, et, dans ce dernier cas, sa responsabilité cessait lorsqu'il faisait connaître de qui il tenait le manuscrit.

Le 18 brumaire se produisit quand la liberté de la presse était reconnue en droit.

La Constitution de l'an VIII fut muette sur la presse ; il faut reconnaître cependant que, dans son préambule, rendant hommage aux principes de 1789, elle reconnut implicitement au moins que la liberté de la presse était un droit naturel.

Sous le Consulat fut inauguré un système d'énergique répression qui reçut son développement sous l'Empire ; à cette époque, les plus grandes rigueurs contre la presse, il faut le dire, n'étaient pas écrites dans les lois ; elles émanaient de la volonté toute-puissante du chef de l'État. Ce n'était pas seulement une presse soumise que voulait l'empereur Napoléon Ier, il exigeait des journaux dévoués ; il l'avoue nettement dans une note confidentielle adressée à M. Fiévée : « Il n'est pas suffisant que les journaux se bor-

« nent aujourd'hui à n'être pas contraires; on a le droit
« d'exiger qu'ils soient entièrement dévoués à la dynastie
« régnante (1).» Inutile d'ajouter que la résistance était suivie
de la suppression ou même de la confiscation.

Remarquons ici que, dans les lois, décrets, arrêtés qui
se publièrent sous le Directoire, sous le Consulat et sous
l'Empire, aucun ne renferme de pénalité contre les imprimeurs à raison des écrits coupables qui sortent de leurs
presses ; les pénalités qui les atteignent sont celles encourues
pour manquements aux obligations professionnelles.

Le dernier acte de l'Empire à l'égard de la presse fut un
mea culpâ. Au retour de l'île d'Elbe, Napoléon manifesta
pour la presse des sentiments qui surprirent étrangement
ceux qui connaissaient la pensée impériale sur la liberté
d'écrire.

En rentrant en France après l'exil, l'Empereur disait :
« Des discussions publiques, des élections libres, des minis-
« tres responsables, *la liberté de la presse*, je veux tout cela ;
« *la liberté de la presse surtout ; l'étouffer est absurde. Je suis
« convaincu sur cet article* (2). »

Ces paroles libérales furent traduites dans l'Acte addition-
nel dans les termes les plus nets et les plus explicites; on y
lit : « Tout citoyen a le droit d'imprimer et de publier ses
« pensées, en les signant, sans aucune censure préalable,
« sauf la responsabilité légale après publication par juge-
« ment par jurés, quand même il n'y aurait lieu qu'à l'ap-
« plication d'une peine correctionnelle. »

Il était trop tard. L'Empire tomba.

---

(1) Correspondances et relations de F. Fiévée avec Bonaparte.
(2) Benjamin Constant, *Mémoires sur les Cent-Jours*, tom. II.

La Restauration proclama en tête de la Charte de 1814 la liberté de la presse ; elle en fait un des droits fondamentaux des Français. L'art. 8 est ainsi conçu : « Les Français ont le « droit de publier et de faire imprimer leurs opinions, en se « conformant aux lois qui doivent réprimer les abus de cette « liberté. »

Cette reconnaissance n'était pas, paraît-il, irrévocable pour le Gouvernement ; il suffit de jeter les yeux sur les lois relatives à la presse et publiées de 1815 à 1830 pour voir les alternatives de liberté et d'oppression, d'arbitraire et de légalité ; c'était une lutte quotidienne entre la presse et le pouvoir.

En 1814, le gouvernement de la Restauration présente à la Chambre des députés un projet de loi sur la presse.

En apportant cette loi aux représentants, l'abbé Montesquiou, ministre de l'intérieur, disait :

« Cette loi est le complément nécessaire de l'article de notre Charte constitutionnelle qui en garantit la liberté. Personne ne conteste plus aujourd'hui la justice et les avantages de cette liberté longtemps redoutée. L'imprimerie a rendu à la société de si grands et de si nombreux services, qu'une nation civilisée ne saurait renoncer aux bienfaits qu'elle peut encore en attendre..... »

Ainsi parlait un ministre de la Restauration.

C'est dans ces circonstances que parut la loi du 21 octobre 1814. L'article 9 disait :

« Les journaux et écrits périodiques ne pourront paraître qu'avec l'autorisation du roi. »

L'imprimeur, d'après cette loi, pouvait être poursuivi avec l'auteur incriminé ; *mais la loi lui donnait le moyen de s'exonérer de toute poursuite.*

« Les auteurs et imprimeurs, disait l'article 10, pourront requérir, avant la publication d'un écrit, qu'il soit examiné en la forme
prescrite par l'article 4 (1); s'il est approuvé, l'auteur et l'imprimeur seront déchargés de toute responsabilité, si ce n'est envers
les particuliers lésés. »

Chose remarquable et qu'il faut noter en passant, à près
de vingt-cinq ans de distance, sous le règne de deux souve-
rains du droit divin et autocratique, Louis XVI et Louis XVIII,
le gouvernement reconnaissait que, lorsque l'auteur d'un
écrit était connu, l'imprimeur était dégagé de toute responsabilité.

Il reste donc bien établi que, de 1789 à 1814, l'imprimeur était mis en dehors de toute responsabilité dans la
publication d'un écrit délictueux. Mais la loi du 21 octobre 1814, en établissant sa responsabilité, lui donne en
même temps le moyen de se dégager, et de s'en affranchir. Il
lui suffisait de déférer l'article au bureau de la censure,
l'approbation faisait disparaître à son égard la complicité.
Ce qui résulte clairement de cet article, c'est que l'imprimeur devait lire, s'il voulait appeler l'examen de la censure ;
il était alors le premier censeur de la publication et soumet-
tait sa décision à une autorité supérieure ; les écrivains,
sous l'empire de cette loi, étaient ainsi placés sous la sur-
veillance de l'imprimeur.

En 1819, trois lois inspirées par un esprit libéral et qui
forment en quelque sorte un nouveau code de la presse, ac-
cordent aux écrivains plus de liberté ; elles les affranchissent

---

(1) Art. 4 de la loi du 21 octobre 1814 :

« Le directeur général de la librairie fera examiner, par un ou plusieurs
censeurs, choisis entre ceux que le roi aura nommés, les écrits dont il aura
requis la communication et ceux que les préfets lui auront adressés »

de la censure officielle et de la censure facultative et dange-
reuse de l'imprimeur.

La première des lois de 1819, celle du 17 mai, crée les
qualifications de crimes et de délits et édicte les peines.

La deuxième, celle du 26 mai, est relative à la compétence
et à la procédure. Elle défère au jury les crimes et les délits
de presse, à l'exception des délits de diffamation et d'injures
contre le particulier.

Enfin, la troisième, du 9 juin 1819, spéciale aux écrits
périodiques, ne leur impose pour paraître que la condition
d'une déclaration préalable, mais elle exige le cautionnement et le timbre.

Elles furent présentées à la Chambre des députés par
M. de Serres; comme le ministre de Louis XVI (M. de
Calonne), le ministre de Louis XVIII (M. de Serres) rendit
un hommage public au journalisme :

« L'auteur d'un journal, disait le ministre, dans l'état actuel de
la société, remplit une véritable fonction; il exerce un véritable
pouvoir, et la société a droit de s'assurer que cette fonction sera
fidèlement remplie, que ce pouvoir ne sera point dirigé contre elle
et contre ses membres.

« Mais, d'un autre côté, la publicité, cette âme, cet élément des
gouvernements représentatifs, la publicité n'existerait pas tout
entière, la liberté de la presse serait évidemment incomplète sans la
liberté des journaux... Les garanties de la société doivent être telles
qu'elles ne portent aucune atteinte à la liberté du journal une fois
établie; telles encore que, en remplissant les conditions imposées,
nul ne soit exclu du droit d'élever un journal... »

Dans l'exposé des motifs, on ne trouve pas une seule fois le
nom de l'imprimeur comme pouvant être déclaré complice
de l'auteur d'un article incriminé; c'est que, dans la pensée
du gouvernement, il y avait injustice à faire d'un industriel,

qui n'a d'autre préoccupation que la bonne confection, au point de vue matériel de la typographie, le complice de l'auteur de l'écrit.

Aussi, dans le projet de loi, aucune peine n'était édictée contre lui, c'est dans la discussion, qui fut très-vive et à laquelle prirent part des hommes éminents, qu'un amendement fut proposé pour rendre l'imprimeur complice du délit et responsable comme l'auteur lui-même ; le gouvernement se rallia à cet amendement.

Des orateurs autorisés soutinrent que faire de l'imprimeur le complice de l'écrivain, et le placer sous le coup de l'article du Code pénal qui punit la complicité, c'était le mettre au milieu d'embûches et de piéges.

La seule utilité possible de la loi sur la responsabilité des imprimeurs, disait-on, *c'est de les transformer en censeurs obligés*.

Ces conséquences n'échappèrent pas aux législateurs de 1819, mais, loin de repousser une disposition de loi qui amenait de tels résultats, on l'acclama en quelque sorte ; il est vrai qu'à cette époque on se glorifiait de ne pas être libéral. Un député s'écriait :

« Imprimeurs, si vous craignez les amendes et les confiscations, si vous ne voulez pas être emprisonnés et ruinés, érigez-vous en censeurs des écrivains ! » Et M. Hua disait à son tour : « Où serait le mal quand les imprimeurs s'érigeraient en censeurs...? »

Benjamin Constant, qui combattit, avec autant d'énergie que de talent, cet amendement sur la responsabilité de l'imprimeur, s'exprimait ainsi dans cette discussion :

« Un imprimeur est un homme qui concourt avec un écrivain à la publication d'un ouvrage ; l'écrivain y concourt par sa pensée, l'imprimeur par sa presse, l'un est l'auteur de l'écrit : à lui en

reviennent, si l'écrit est bon, le profit durable et toute la gloire ;
l'autre est l'instrument de la publication : il n'a de profit que le
salaire d'une industrie matérielle. »

Et l'illustre orateur ajoutait :

« La non-responsabilité de l'imprimeur est la règle, la responsabilité l'exception. Le ministère et la commission font de la règle
l'exception, et de l'exception la règle : il y a injustice, il y a absur-
dité. »

L'insistance de l'illustre orateur eut pour résultat d'obte-
nir une atténuation dans la part de responsabilité de l'imprimeur, qui fut définie ainsi par l'article 24 de la loi du 17 mai
1819 ; cet article porte :

« Que les imprimeurs d'écrits dont les auteurs seraient mis en
jugement, en vertu de la présente loi, et qui auraient rempli les
obligations prescrites par le titre 2 de la loi du 21 octobre 1814
ne pourront être recherchés pour le simple fait d'impression de
ces écrits, à moins qu'ils n'aient agi *sciemment*, ainsi qu'il est dit
à l'article 60 du Code pénal, qui définit la complicité. »

On voit que, par cette loi de 1819, le législateur a abrogé
ce droit de censure et du gouvernement et de l'imprimeur, qui résultait de la loi de 1814.

Ainsi plus de censeurs nommés par le gouvernement.
Le législateur, en supprimant la censure officielle, n'a pas
voulu qu'elle fût rétablie sous une autre forme. Au con-
traire, il laisse la liberté la plus complète à l'écrivain et
le place sous l'application des lois de droit commun. Quant
à l'imprimeur, il le décharge de la responsabilité et de la
complicité résultant du fait matériel, c'est-à-dire de l'impression et de la publication d'un article délictueux. Il
n'admet de complicité et par conséquent de responsabilité
de sa part, qu'autant qu'il aura agi *sciemment*, c'est-à-dire

qu'autant qu'il aura lu, apprécié et donné son concours intentionnel à la publication, ce qui le placerait dans les conditions déterminées par l'article 60 du Code pénal, qui définit la complicité.

Ici, il est nécessaire de rapprocher de l'article 24 de la loi de 1819 les termes de l'article 60 du Code pénal, et il résultera de ce rapprochement que le mot *sciemment* employé par la loi de 1819 n'explique en aucune façon la nature des moyens qui devront constituer la complicité en matière d'impression de journaux.

« L'art. 60 répute complices ceux qui auront procuré des armes, des instruments ou tout autre moyen qui aura servi à l'action, sachant qu'ils devaient y servir.

« ... Ceux qui auront, *avec connaissance*, aidé ou assisté l'auteur ou les auteurs de l'action, dans les faits qui l'auront préparée ou facilitée, ou dans ceux qui l'auront consommée... »

On ne peut dire que l'imprimeur, en fournissant ses presses et ses caractères, s'est rendu complice de l'auteur d'un écrit incriminé; ce serait aller contre la disposition de la loi de 1819, qui dit positivement que le seul fait de l'impression ne peut constituer la complicité.

Reste la question de savoir s'il a agi *sciemment* ? Oui, dit la prévention, il a imprimé, donc il a lu, et la lecture de l'article devait lui en révéler le danger. Ainsi, voilà le ministère public qui, en invoquant le fait matériel de l'impression, en conclut que l'imprimeur a lu, et sa prétention serait, par le fait de cette lecture, d'exiger que l'imprimeur soit un économiste, un diplomate, un homme politique; en un mot, il doit posséder toutes les connaissances humaines; il doit même savoir lire dans les cœurs et dans les consciences, car il doit comprendre tout ce qu'il imprime, quoiqu'il ne le lise pas, et il doit connaître la pensée intime de l'écrivain.

On ne s'explique pas cette rigueur, est-ce que la présence de l'imprimeur au jugement, la poursuite dont il est l'objet donneront plus de garanties à la société? La loi ne sera-t-elle pas suffisamment armée lorsqu'elle aura devant elle l'auteur et l'éditeur, l'un responsable de la production, l'autre de la publication? C'est assez, ce semble, de deux victimes pour un seul fait ; de bons esprits pensent même qu'un seul devrait être punissable, car, en réalité , l'auteur est le seul publicateur; la boutique du libraire, comme l'atelier de l'imprimeur, n'est que le moyen matériel de faire sa propagande, et si l'on veut chercher des complices dans tous ceux qui participent à l'œuvre, la logique voudrait que l'on poursuivît le marchand d'encre, le papetier, le compositeur, le brocheur, etc.

Dans tout délit politique par écrit, l'écrivain seul fait un écrit politique; pour lui trouver des complices, il faut trouver des volontés associées à la pensée de l'œuvre ; mais la volonté de l'imprimeur y est tellement étrangère, qu'il n'en a pas même conscience. Or, punir un homme comme complice d'un délit dont il n'a pas conscience, c'est le renversement de tous les principes du droit.

Quoi qu'il en soit de toutes ces vérités juridiques, la complicité de l'imprimeur a toujours été maintenue depuis 1819, par le Ministère public, et cependant, à chaque modification des lois sur la Presse, cette question de complicité de l'imprimeur s'est toujours présentée. En 1867, lorsqu'il s'est agi de réviser le décret organique du 17 février 1852, une vive discussion s'engagea sur cette question; elle fut traitée à fond par les orateurs qui voulaient faire disparaître de nos lois sur la presse cette responsabilité qui fait un complice d'un homme qui ignore même qu'un délit a été commis.

Les orateurs, pour démontrer tout ce qu'il y avait d'injuste dans la loi de responsabilité de l'imprimeur, durent faire connaître les difficultés, les impossibilités de toute nature qui ne permettent pas à celui-ci d'apprécier et de juger ce qu'il imprime et par conséquent exclut toute idée de volonté coupable de sa part.

Voici le compte rendu des discussions qui eurent lieu à la Chambre sur la question de responsabilité de l'imprimeur en matière de délits de presse. (Les citations qui suivent sont empruntées au compte rendu sténographique publié *in extenso* par le *Moniteur officiel*.)

M. Jules Simon, aujourd'hui ministre de l'instruction publique, d'accord avec plusieurs de ses collègues, présenta un amendement qui se résume ainsi : « Ne pas mettre en cause simultanément pour un même délit l'auteur, l'éditeur et l'imprimeur, mais l'auteur quand il est connu ; à défaut de l'auteur, l'éditeur, et à défaut de l'auteur et de l'éditeur, l'imprimeur, *mais dans ce cas seulement.* »

Après des considérations générales sur les poursuites en matière de presse et le but que doit se proposer la loi, d'atteindre et de frapper le vrai, le seul coupable, l'orateur dit qu'il faut effacer de la loi française cette triste, cette honteuse mesure qui place à côté de l'auteur principal des hommes qui sont de faux complices, de faux coupables, dont la culpabilité est une pure fiction ; il continue ainsi :

« Je dis que l'imprimeur est complice factice, un complice créé par la loi, que ce n'est pas un complice réel. Et il est évident que ce n'est pas un complice réel ; vous n'avez, pour vous en convaincre, qu'à considérer la situation dans laquelle se trouvent les imprimeurs. Si on donne suite à la proposition de la commission et que l'usage prévaille d'avoir un imprimeur pour chaque journal, — un seul imprimeur pour un seul journal, vous pourrez, à la rigueur, imaginer que l'imprimeur lira tous les jours, après le rédacteur en chef, le journal qu'il doit imprimer ; — cette supposition ferait sourire quiconque sait ce que c'est qu'un journal, et ce que peut y être la situation d'un imprimeur, d'un simple propriétaire de caractères et de presses d'imprimerie ; — mais enfin, il n'y aura pas impossibilité physique, dans ce cas, à ce que l'imprimeur lise le journal et se rende compte des articles qu'il contient.

« Dans la vérité des choses, tout se passe bien différemment. Dans la rue Coq-Héron, existe une imprimerie, qui est, je crois, celle de M. Dubuisson, dans laquelle on imprime je ne sais pas au juste combien de journaux.

« M. ADOLPHE GUÉROULT. Dix ou douze.

« M. JULES SIMON. Dix ou douze. Le propriétaire de cette imprimerie doit faire composer ces dix ou douze journaux dans le même moment de la journée ; de sorte que plusieurs centaines d'ouvriers sont occupés simultanément à composer un nombre infini de feuillets. Existe-t-il, je vous le demande, une intelligence humaine qui puisse se débrouiller au milieu de cette quantité d'idées ? une horloge qui permette à un même homme, dans l'espace de cinq ou six heures, de lire ces dix ou douze journaux, depuis la première ligne jusqu'à la dernière ?

« A moins de réaliser de tels miracles, il faut convenir que ce complice, imaginé et créé par vous, non-seulement n'est pas un complice, mais ne pourrait l'être quand il le voudrait. Sait-il seulement d'une manière générale ce que ces douze journaux contiennent ? Est-ce que c'est son métier ? Son métier est-il d'être un homme instruit, sachant la politique, connaissant jusqu'aux matières religieuses, qui sont bien autrement délicates et épineuses que les matières politiques ? Vous savez bien que non. Son métier est de savoir ce que c'est que des caractères d'imprimerie, qu'une machine à imprimer, de bien diriger ses ouvriers, de les payer convenablement, d'établir une bonne police dans ses ateliers et de faire faire des corrections exactes.

« *Ainsi, il n'a ni le temps, ni la compétence, ni la possibilité d'être complice ;* donc il ne l'est pas, ou il ne l'est que par une fiction légale, ce qui est déplorable, songez-y ; pesez la valeur de ces deux mots : un coupable de par la loi, qui est parfaitement et nécessairement innocent ! »

. . . .

Après avoir rappelé toutes les pénalités auxquelles sont exposés les imprimeurs, pour manquements professionnels, l'orateur ajoute :

« Lors de la discussion de la loi de 1819, il se trouva parmi les membres de l'opposition des hommes qui furent indignés de cette pénalité sans motif et sans mesure, et qui, appartenant aux lettres françaises et les honorant par leurs écrits, se crurent obligés de lutter avec une énergie indomptable pour arracher à la Chambre de 1819 une atténuation à cette loi déplorable. C'est à Benjamin Constant qu'en revient surtout l'honneur ; toutefois, on ne céda pas complétement à ses objurgations. L'article 24 fut tout ce qu'on accorda à ses raisons, à son éloquence. »

On voulut bien admettre que l'imprimeur ne serait coupable que s'il avait agi *sciemment*.

M. Jules Simon continue :

« Lorsque la Belgique fit sa constitution, après la révolution de 1830, on remit en délibération les lois sur la presse, parce que toutes les fois qu'un peuple fait une révolution, parmi les droits les plus sacrés que les vainqueurs inscrivent sur la première feuille de papier qui leur tombe sous la main en déposant le mousquet, ils ne manquent pas d'y mettre les droits de la pensée, c'est-à-dire les droits de la presse. Les États généraux de Belgique examinèrent la loi française, et leur premier désir, comme leur premier devoir, fut de l'abroger complétement. Quand ils en vinrent à la question dont je parle, ceux qui voulaient conserver la responsabilité des imprimeurs ne manquèrent pas d'invoquer cet article 24, c'est-à-dire le mot *sciemment* qui s'y trouve. Mais alors presque toutes les voix s'élevèrent pour dire que c'était là une égide insuffisante, que le mot *sciemment*, donnant lieu à des interprétations faites trop souvent par esprit de parti, n'était pas une protection pour l'instrument de la pensée, et que, si on voulait la pensée libre, il fallait lui donner un instrument indifférent, comme la condition de la liberté. »

Par une conséquence logique, l'article fut rejeté et remplacé par une disposition nette, formelle, précise, que voici : « *Jamais l'imprimeur n'est responsable de ce qu'il imprime.* » (Marques d'approbation à la gauche de l'orateur.)

Dans la même séance du 13 février, M. Paul Dupont, député, s'exprime ainsi à la tribune française :

« Il n'est jamais entré dans la pensée de personne de contester que le complice doive être puni à l'égal du coupable ; mais encore faut-il qu'il y ait un complice et que la complicité soit bien avérée.

« Eh bien ! dans plusieurs cas, l'imprimeur peut n'être pas complice ; en deux mots, voici pourquoi. On a introduit dans la loi de 1819 le mot *sciemment*, mot élastique, qui mettait l'imprimeur purement et simplement à la merci du juge. Depuis cette époque, l'imprimeur sage, qui a voulu éviter des condamnations, a dû établir chez lui un véritable censeur ; j'en ai un chez moi depuis quarante ans. Il examine tous les livres qui sont apportés, et il les refuse ou les accepte suivant le degré de pénalité que pourrait entraîner l'impression. Mais il y a des cas où cette censure est très-difficile. Il y a tel imprimeur qui noircit par jour 500 rames de papier, ce qui représente 250,000 feuilles. Ces 250,000 feuilles sont réparties sur un grand nombre d'ouvrages, et comment voulez-vous qu'un imprimeur ou un censeur en ait connaissance ?

« Mais où cela est véritablement impossible, c'est dans l'impression des journaux du soir. En effet, dans les trente dernières minutes qui précèdent la mise en vente d'un journal du soir, il faut que l'auteur rédige son article, il faut que, ligne par ligne, cet article soit envoyé aux compositeurs, mis sous presse, imprimé, et que le journal tiré par les mécaniques soit mis en vente.

« Je le demande, est-il matériellement possible que l'imprimeur connaisse les dix ou douze journaux qui sont ainsi écrits, composés, tirés et mis en vente dans une demi-heure ?

« Toutes les fois que l'on condamne l'imprimeur d'un journal du soir, je crois, en mon âme et conscience, malgré tout mon respect pour les lois existantes, qu'on fait un acte inique. Mieux vaudrait, à mon sens, dire aux imprimeurs : « Il vous est défendu d'imprimer des journaux. » Ils sauraient du moins à quoi s'en tenir.

« Je me rallie donc à l'opinion que vient d'exprimer notre honorable collègue, M. Jules Simon. (Approbation sur divers bancs.)

« M. LE COMMISSAIRE DU GOUVERNEMENT. — Je demande la permission de faire une courte réponse aux observations que vous venez d'entendre.

« Tout ce que vient de dire l'honorable M. Paul Dupont peut être vrai, et je n'ai pas à le contester. Si les circonstances qu'il vient d'énumérer se rencontrent, elles seront utilement invoquées comme moyens de défense devant les juges chargés de prononcer. (Exclamations à la gauche de la tribune.)

« Certainement, lorsque l'imprimeur aura démontré qu'il lui a été impossible de lire et de connaître l'article ou les articles contenus dans le journal sorti de ses presses, il y aura, et cela est arrivé plus d'une fois, il y aura acquittement, ou plutôt, dans de pareils cas, il n'y aura point de poursuite. (Mouvements divers.)

« M. LE PRÉSIDENT SCHNEIDER. — La parole est à M. Guéroult.

« M. ADOLPHE GUÉROULT. — J'en demande bien pardon à l'honorable commissaire du gouvernement ; mais toutes les fois que l'imprimeur a pu démontrer qu'il ignorait ce qui s'était imprimé chez lui, il n'a pas été acquitté pour cela, et je vais vous en donner un exemple irrécusable.

« Un imprimeur de Paris, celui-là même dont on a parlé il y a quelques instants, et qui imprime douze journaux chez lui, M. Dubuisson, est appelé à Montpellier pour un procès que doit subir l'un des journaux qu'il imprime. Pendant qu'il est à Montpellier, on poursuit à Paris l'un des autres journaux imprimés chez lui : l'imprimeur n'était pas à Paris ; il lui était donc matériellement impossible de lire ce que contenait le journal poursuivi.

« M. LE COMMISSAIRE DU GOUVERNEMENT. — Il a été poursuivi, mais a-t-il été condamné ?

« M. ADOLPHE GUÉROULT. — Il a été condamné ! (Mouvement.) »

Le fait avancé par l'honorable M. Guéroult est parfaitement exact ; il faut le rappeler en peu de mots :

Un journal, la *Jeune France*, s'imprimait chez M. Dubuisson, qui, à cette époque, fut appelé devant le tribunal de Montpellier pour répondre également à un délit de presse imputé à l'un des journaux qu'il imprimait ; pendant son absence, l'un des numéros de la *Jeune France* fut incriminé, poursuivi, et M. Dubuisson, qui n'avait pu lire l'article, et n'en avait aucune connaissance, fut condamné à un mois de prison et 400 francs d'amende ; la peine d'emprisonnement fut relevée et convertie en une amende de 600 francs. Voilà le fait auquel M. Guéroult a fait allusion. Le Jury comprendra donc avec quelle puissance de logique et de vérité les membres de la Chambre des députés soutenaient que l'imprimeur ne pouvait être déclaré complice en matière de délit de presse.

Admettre sa responsabilité, c'est vouloir interdire la profession d'imprimeur, c'est l'annihiler. Faudra-t-il donc, si des circonstances l'appellent au dehors, que l'imprimeur ferme ses ateliers et prive ses ouvriers de leurs moyens d'existence ? Ce seraient là cependant les conséquences d'une jurisprudence qui le rendrait complice de l'écrivain.

Les arguments présentés par les députés dans cette séance du 13 février 1868 n'ont pas été détruits par le commissaire du gouvernement, M. Jolibois. Vainement il s'efforça de répondre à M. Jules Simon et à M. Paul Dupont; la discussion rapportée au *Moniteur* témoigne de son embarras, et la réponse que fit M. Guéroult à une allégation de M. le commissaire du gouvernement le confondit.

Faut-il répondre à l'un des arguments présentés par M. Jolibois :

« La complicité de l'imprimeur, disait-il, n'est autre que la complicité du droit commun, et je vous demande de la conserver dans nos codes avec une énergie égale à celle que, tout à l'heure, on déployait pour vous engager à la faire disparaître. »

En droit commun, la complicité, ainsi qu'elle est définie dans l'art. 60 du Code pénal, n'existe qu'autant que le concours est matériel et intellectuel à la fois. Si la loi du 17 mai 1819 n'était appliquée qu'au pied de la lettre, l'imprimeur serait moins coupable que le typographe qui compose, que le correcteur qui revoit les épreuves.

L'ouvrier typographe, dont le concours à la fois matériel et intellectuel est indispensable à l'accomplissement du délit, a toujours été considéré par la jurisprudence comme un être purement passif, par conséquent irresponsable ; est-il rationnel de faire peser cette responsabilité sur l'imprimeur, qui se borne à fournir les caractères, livrer ses presses et surveiller la bonne exécution typographique des œuvres qui sortent de ses ateliers ?

Ces observations démontrent que la responsabilité de l'imprimeur s'est aggravée à mesure que les idées de liberté de la presse se manifestaient; sous Louis XVI, elle ne se trouvait engagée que dans le cas où le nom de l'auteur d'un écrit coupable n'était pas connu. La Charte de 1814 assurait la liberté de la presse, et c'est sous son empire qu'est faite cette loi de 1819 qui rend l'imprimeur responsable, même l'auteur étant connu, s'il a agi *sciemment*.

Qui doit prouver que l'imprimeur a agi sciemment?

Le ministère public.

Comment fait-il cette preuve?

En présentant comme élément de culpabilité le fait matériel de l'impression.

En vérité, cela ne saurait être sérieux : si l'on interroge l'esprit de la loi sur la complicité, on voit que, pour l'établir, il faut avoir aidé l'auteur de l'écrit coupable avec connaissance de cause, avoir en quelque sorte coopéré à l'œuvre répréhensible ; mais tout cela, il faut le prouver et mettre le prévenu à même de repousser les faits de complicité qu'on lui impute ; jusque-là, il n'a rien à prouver ; c'est un principe élémentaire en droit, qu'on ne prouve pas un fait négatif.

Si l'on interroge les lexiques sur le sens qu'il faut donner au mot *sciemment*, on trouve cette définition, qui vient à l'esprit de tout homme raisonnable :

Sciemment, *avec connaissance de ce que l'on fait, avec réflexion.*

Est-il nécessaire d'insister pour démontrer que, dans la position de l'imprimeur qui imprime un grand nombre de journaux, emploie 4 à 500 ouvriers et qui a tous les soucis d'une grande industrie, est-il nécessaire d'insister pour démontrer qu'il est dans l'impossibilité matérielle de lire tous les articles de journaux qu'il imprime, ce qui exclut toute idée de complicité? L'insistance à cet égard serait une injure à la haute sagesse et aux lumières du Jury.

Décider autrement, ce serait faire de l'imprimeur un censeur qui mettrait en quelque sorte la liberté de la presse à sa discrétion.

Les délits de presse, en ce qui concerne l'auteur principal, se composent de deux éléments : d'abord la publication, fait matériel et point de départ de toute incrimination ; ensuite la question de savoir si l'article poursuivi contient le délit relevé.

Quant à la complicité de l'imprimeur, la question est complexe : le Jury doit à son égard constater, en premier lieu, qu'il a connu l'article, l'a apprécié et en a reconnu le danger ; en second lieu, que, malgré ces appréciations, il a volontairement coopéré à la publication, s'associant ainsi à la pensée de l'auteur et à ses coupables intentions ; ce n'est qu'à ces conditions que le Jury peut déclarer la culpabilité de l'imprimeur, parce qu'alors il a agi *sciemment*, comme le dit la loi.

Mais si l'auteur est connu, s'il y a un gérant qui doit surveiller ce qui se publie dans son journal, peut-on dire, sans faire violence à la raison et à l'équité, que l'imprimeur, qui n'est pas obligé de lire les articles des journaux qu'il imprime, est complice par cela seul qu'il a fourni ses presses et ses caractères ? Qui oserait répondre affirmativement ?

Dans les procès de presse, le ministère public oublie trop, ce nous semble, les devoirs du gérant, et à tort les impose à l'imprimeur. Lors de la présentation de la loi de 1828, qui institua les gérants responsables, l'exposé des motifs disait : « Au point de vue politique, le gérant est le directeur et le « surveillant du journal. Il est une sorte de censeur que la « loi impose aux propriétaires des journaux, dans le double « intérêt de l'État et de l'association. En acceptant cette es-

« pèce de magistrature dont la volonté de ses associés l'in-
« vestit et que la loi reconnaît, il s'oblige à remplir des
« devoirs » (1).

Ainsi la loi veut aujourd'hui que le gérant responsable
soit agréé par le gouvernement; là se trouve pour l'imprimeur une garantie nouvelle et l'assurance que ce surveillant légal s'opposera à la publication de tout ce qui aura
l'apparence d'un délit; c'est à lui qu'incombe l'obligation
de lire les articles que publie son journal, et M. Chassan
(t. Ier, p. 129) dit : « que le gérant ne doit pas être écouté
« lorsqu'il vient dire qu'il n'a pu en prendre connaissance
« ou qu'il ne les a pas compris. »

Le gérant responsable est préposé pour surveiller la rédaction
de l'écrit juridique, et, s'il est obligé de suspendre l'exercice de
ses fonctions parce qu'il est absent ou malade, ou pour toute
autre raison, son devoir est de ne pas signer le journal.

Rien de semblable n'est écrit dans aucune loi en ce qui
concerne l'imprimeur. Pour lui, si, lors de la publication
du journal, il s'est assuré que les formalités de la déclaration de nomination de gérant, de dépôt de cautionnement
ont été remplies, il n'a plus à se préoccuper du journal et, si
l'on relève contre cette feuille un délit, il ne pourra être
poursuivi qu'autant qu'il sera prouvé qu'il a coopéré à l'œuvre par des conseils, des notes, des documents, etc., et s'est
fait ainsi le collaborateur de l'écrivain. Et, à ce sujet, il est
utile d'ajouter encore quelques observations que suggère
une nouvelle lecture de l'article 24 de la loi du 17 mai 1819,
dont il faut reproduire une seconde fois le texte :

Art. 24. « Les imprimeurs d'écrits dont les auteurs seraient mis
en jugement en vertu de la présente loi et qui auraient rempli les

---

(1) Exposé des motifs de la loi de 1828, *Moniteur* du 18 avril 1828.

obligations prescrites par le titre II de la loi du 21 octobre 1814 *ne pourront être recherchés pour le simple fait d'impression de ces écrits*, à moins qu'ils n'aient agi *sciemment*, ainsi qu'il est dit à l'article 60 du Code pénal, qui définit la complicité. »

Cet article, on le voit, est formel ; il en ressort que le fait seul de l'impression d'un écrit, dont l'auteur est poursuivi, ne saurait prouver la complicité de l'imprimeur ; à ce fait matériel doit se réunir un fait intentionnel : il faut qu'il soit démontré que l'imprimeur s'est entendu avec l'écrivain, qu'il a déclaré partager ses doctrines, les adopter, en un mot, qu'il s'est associé à l'œuvre coupable.

Telles sont les circonstances qu'il faut établir contre l'imprimeur pour le constituer complice, et, comme on l'a dit plus haut, c'est au ministère public à faire cette preuve contre lui.

Les choses se passent-elles ainsi dans les instructions judiciaires en matière de presse ? En aucune façon. Voici ce qui a lieu. Le parquet relève un délit dans un article de journal, il cherche la signature de l'auteur, celle du gérant, celle de l'imprimeur et tous trois sont poursuivis ; avant de poursuivre l'imprimeur, le Parquet devrait, ce semble, s'environner d'éléments de nature à établir la complicité de celui-ci ; ainsi la représentation de la copie où se trouveraient les additions, modifications ou retranchements faits par l'imprimeur, les épreuves portant également ses corrections, en un mot, tout ce qui peut établir que l'imprimeur a, en quelque sorte, collaboré à l'article poursuivi ; ce seraient là des preuves de nature à démontrer que l'imprimeur a agi *sciemment* : il tomberait alors sous le coup de l'application de la loi.

Mais les choses se passent autrement. Dans l'instruction, on se borne à dire à l'imprimeur : « Vous reconnaissez

« avoir imprimé tel article ? — Oui. — Cet article contient
« un délit. — Je l'ignore, ne l'ayant pas lu.» Et l'imprimeur
ajoute que la loi ne lui impose pas l'obligation de cette
lecture, dès que l'auteur est connu et qu'il a signé son article.
Le titre d'un journal doit-il aussi éveiller son attention ?
Non, puisque, pendant l'état de siége, aucun journal ne
peut paraître sans l'autorisation du gouvernement. L'imprimeur n'a donc pas à se préoccuper du titre du journal ni
de ceux qui le dirigent : sa responsabilité est couverte par
cette autorisation. Et pourtant le ministère public n'en
maintient pas moins l'imprimeur dans la poursuite et l'ap-
pelle à comparaître devant le Jury. Ce n'est ni le vœu ni
l'esprit de la loi.

Toute l'attention du Jury doit donc se porter sur ces points
juridiques. Toute la question pour lui est de savoir si, en
donnant ses presses, l'imprimeur a eu la volonté de commettre un délit et s'y est associé intentionnellement ; si
l'imprimeur n'a pas lu l'article, *ce à quoi la loi ne l'oblige
pas*, ou s'il l'a lu et qu'il n'ait pas découvert les intentions
coupables qui peuvent s'y trouver, on ne saurait le rendre
complice : tout cela est élémentaire. C'est donc au Jury qu'il
appartient de fixer les vrais principes en matière de complicité de l'imprimeur. Cette complicité ne peut être déclarée
contre lui « qu'autant que le ministère public établit que
« l'imprimeur a agi *sciemment*. » (Chassan, t. 1ᵉʳ, p. 156.)

En insistant sur les circonstances à établir pour démontrer
que l'imprimeur a agi *sciemment*, c'est afin de prémunir
le Jury contre l'interprétation vague qui aurait pour but
de faire décider que le mot *sciemment*, employé par la loi
du 17 mai 1819, implique l'obligation pour l'imprimeur
de lire tous les articles qu'il imprime, de les analyser, d'en
faire la synthèse et d'y trouver ce que quelquefois l'auteur

n'a pas eu l'intention d'y mettre. On ne saurait trop le répéter, aucune disposition de loi n'impose à l'imprimeur d'un écrit, dont l'auteur est connu, l'obligation de lire cet écrit ; la loi du 21 octobre 1814 autorisait l'imprimeur à requérir. avant la publication d'un écrit, l'examen de l'administration, et, s'il était approuvé, le délit découvert plus tard dans cet article ne pouvait lui être imputé, il était relevé de toute poursuite.

Mais cette loi a été abrogée, et l'écrivain est affranchi de la tutelle et de la censure de l'imprimeur et de celle du gouvernement ; en interprétant, comme le fait le ministère public, le mot *sciemment* écrit dans la loi, on arriverait insensiblement à rétablir cette censure et, par suite, à placer les écrivains dans la nécessité de se soumettre au contrôle de l'imprimeur.

En résumé, aucune obligation pour l'imprimeur de lire les articles ; cette obligation, la loi l'impose seulement au gérant, qui, aux termes de la loi de 1828 est : « le directeur « et le *surveillant* du journal », aussi le qualifie-t-elle de *gérant responsable*, responsabilité qui, aujourd'hui, n'atteint plus l'imprimeur : sa culpabilité n'existe qu'autant qu'il est prouvé qu'il a agi *sciemment*.

Les questions, en général, sont ainsi posées au Jury :

« X..., imprimeur, est-il coupable d'avoir, *avec connaissance.* aidé et assisté l'auteur de l'article.... publié par le journal.... dans les faits qui l'ont facilité, etc. ? »

Dans ces mots *avec connaissance* se trouve la culpabilité de l'imprimeur ; aussi faut-il qu'il soit établi que c'est *avec connaissance* qu'il a publié un article coupable, qu'il l'a fait volontairement, intentionnellement. Cette preuve, c'est au ministère public de la faire par des éléments de conviction qui ne laissent aucune place au doute ; il faut que ces preuves soient évidentes, incontestables, qu'elles apparaissent au grand jour.

Au Jury appartient d'affirmer par ses verdicts la liberté de la presse, en écartant la responsabilité que l'on veut faire retomber sur l'imprimeur qui a fourni ses presses à un journal dont il n'a pas lu les *articles, que la loi ne l'obligeait pas à lire* ; décider autrement, ce serait faire violence à la raison, à la justice, à l'équité.

Ce serait rétablir la censure et la mettre entre les mains de l'imprimeur ; ce serait compromettre la liberté de la presse, sauvegarde des droits de la nation.

« Savez-vous pourquoi la France veut de cette liberté de la presse ? disait M. Thiers (séance du Corps législatif, 30 janvier 1868), c'est qu'après en avoir souffert elle a vu ensuite, par une expérience de quinze années, ce que c'était qu'un gouvernement qui n'était pas contrôlé par la presse. La France veut *savoir*. »

Pour qu'elle *sache*, il ne faut pas que l'écrivain soit placé en face des terreurs et des caprices de l'imprimeur. Celui-ci doit rester un industriel inconscient du délit qui peut se commettre ; il ne faut pas en faire un censeur ; c'est, du reste, le vœu de la loi.

Paris. — Imp. Dubuisson et Cᵉ, rue Coq-Héron, 5.